Inhalt

Vorwort 3

Kapitel 1: 7

Vermögenswerte: 7

Verbindlichkeiten: 8

Was ist ein "Vermögenswert"? 10

Feste Vermögenswerte 16

Was ist finanzielle Pficht 57

Gegenwärtige Verpflichtungen 60

Eventualitätsverbindlichkeit 83

Was sind Vermögenswerte und Verbindlichkeiten?
.... 84

Unterschiede zwischen Vermögenswerten und Verpflichtungen 90

Kapitel 2: 95

Die richtige Einstellung zum Geld 95

Sei zufrieden 98

Plane deine Finanzen 99

Sei vorsichtig 99

Investieren und zwar sicher 100

Wie man finanzielle Freiheit erreicht 105

Was kann man von finanziell erfolgreichen Personen lernen?... 127

Die sehr Reichen beginnen nicht mit der Verfolgung von Reichtum.. 130

Früh beginnen.. 133

Sei mutig genug, um finanzielle Risiken einzugehen 135

Fazit.. 137

__Freiheit durch finanzielle Intelligenz__

Langfristig Vermögen aufbauen, effektiv Schulden abbauen und einfach Geld sparen.

Autor:
Karsten Richtinger

Vorwort

Zahlreiche Dinge, die wir in unserem Leben haben oder bekommen, bezeichnen wir als Werte. Unser Zuhause, unsere Autos, unsere Bildung und unser Hab und Gut, zählen wir zu unseren Werten, denken jedoch nicht ständig an diese in diesem Zusammenhang. Um ehrlich zu sein, sind Vemögenswerte und Schulden Wörter, die so nur von Business-Menschen und Buchhaltern genutzt werden. Generell sollten wir uns jedoch über die Werte, die wir besitzen, bewusst sein und wissen, was sie uns finanziell bedeuten.

Einen Wert, den wir besitzen, aber den wir nicht sehen können, ist unsere Bildung. Sie ermöglicht uns das umfangreiche Lernen in einem speziellen Themenbereich, wodurch wir ein höheres Gehalt als eine Person ohne dieses spezifisch erlernte

Wissen bekommen können. Verpflichtung im finanziellen Sinne ist eine Schuld, die wir verursachen und für die wir fähig sein müssen aufzukommen. Wenn wir uns beispielsweise Geld leihen, um ein Auto kaufen zu können, ist der aufgenommene Kredit eine Verpflichtung. Wenn wir uns Geld leihen, um zu studieren und dadurch einen höheren Bildungsgrad zu erreichen, ist auch dieser Kredit eine Verpflichtung.

Diese Schulden entstehen, wenn wir etwas kaufen wollen und uns somit einen Vermögenswert anschaffen, für den wir in diesem Moment nicht fähig sind zu zahlen. Was ist aber, wenn das geliehene Geld für die Anschaffung eines Autos nicht der exakte Wert des Autos ist? Dann hat man Wert mit dem Auto erschaffen. Wenn man dann den finanziellen Wert eines Vermögenswertes beurteilt, vergleicht man den finanziellen Wert und die geliehene Summe mit dem Vermögenswert als Eigenanteil.

Je größer die Summer, die man mit seinen Vermögenswerten erreicht, desto komfortabler ist das eigene Leben, was der Grund dafür sein dürfte, dass wir nach angemessenen finanziellen Vermögenswerten streben, je näher wir dem Rentenalter kommen. Oft genug erlauben wir unseren Wünschen und Bedürfnissen unsere finanziellen Möglichkeiten zu übersteigen und wir stellen fest, dass wir Insolvenz anmelden sollten, da wir unseren Pflichten nicht nachkommen können.

Der beste Weg, um diese Situation zu vermeiden, ist es immer einen klaren Überblick über seine Finanzen zu haben.

Alle Unternehmen, egal wie groß, erfordern eine gewisse Form der Buchhaltung.

Das direkte Beispiel hierfür ist ein Einzelunternehmer, der in seinem Unternehmen mit dem Ziel Gewinn zu erzielen Produkte erwirbt und verkauft.

Die gesamte finanzielle Buchhaltung basiert auf der Buchhaltungsformel und den Buchhaltungsbedingungen, die gemeinsam in einem Dokument, dem Bilanzenbericht, zusammengefasst werden.

Kapitel 1:

Vermögenswerte:

Diese Werte setzen sich zusammen aus dem Besitz von Land in jeglicher Form, einschließlich Gebäude und andere Räumlichkeiten, Anlagen und Maschinen, Bestand von Waren, Fahrzeugen, der Summe des Geldes im Handel und auf dem Konto und den Schulden, die Kunden noch begleichen müssen. Eine Person, die für Waren oder Leistungen schuldet, nennt man Kontoinhaber. Der Gesamtbetrag, der vom Eigentümer des Unternehmens erbracht wurde, nennt man Kapital.

Verbindlichkeiten:

Als Schulden beziehungsweise finanzielle Verpflichtung bezeichnet man geliehenes Geld, um Waren zu kaufen. Wenn du Güter kaufst und diese in monatlichen Raten bezahlt, erhälst du die Güter sofort und die Schulden entstehen. Deine Firma verpflichtet sich damit, für die erhaltenen Güter zu zahlen.

Eine Person, der Geld für Ware oder Leistungen geschuldet wird, bezeichnet man als Gläubiger.
Ebenso das Bezahlen von Gas, Strom, Steuern, Miete, Telefon und Krediten wird als finanzielle Verpflichtung bezeichnet.

Die Formel hierfür ist:

Kapital + Verpflichtungen = Vermögenswerte

Dazu aber später noch mehr.

Was ist ein "Vermögenswert"?

Ein Vermögenswert ist eine Resource mit ökonomischem Wert, die eine Person, eine Personengesellschaft oder ein Staat besitzt oder kontrolliert, mit der Erwartung, dass diese in Zukunft Vorteile erbringt.

Vermögenswerte sind in der Finanzen-Bilanz aufgeführt und wurden angeschafft oder erstellt, um den Wert der Firma zu steigern oder sich Vorteile zu verschaffen.

Man kann sich einen Vermögenswert vorstellen wie etwas, das in der Zukunft den Geldfluss anregt, Ausgaben verringert und Vergünstigungen erzielt, unabhängig davon, ob es sich um hergestellte Waren handelt oder um ein Patent auf eine Erfindung.

Ein Wert ist eine getätigte Ausgabe, die über mehrere Buchhaltungszeiträume einen Nutzen hat. Hat eine Ausgabe keinen sichtbaren Nutzen, bezeichnet man diese als Kosten.

Eine Firma zahlt zum Beispiel die Rechnung für den Strom. Diese Kosten decken den Stromverbrauch für den bezahlten Zeitraum, bei dem es sich um einen zurückliegenden Zeitraum handelt, was zur Folge hat, dass man diese Kosten als Ausgaben bezeichnet.

Schafft sich eine Firma jedoch beispielsweise eine Maschine an, die die nächsten fünf Jahr genutzt werden soll und diese Investition besteht aber für einen weiteren Zeitraum über diese 5 Jahre hinaus, bezeichnet und notiert man diese als Vermögenswert.

Ein Vermögenswert kann mit der Zeit an Wert verlieren, so dass die laufenden Kosten den tatsächlichen Nutzen übersteigen. Andererseits kann ein Vermögenswert seinen vollen Wert behalten, bis es zu einem gewissen Zeitpunkt genutzt wird.

Ein Beispiel für den erstgenannten Verlauf ist ein Gebäude, welches über die Jahre hinweg verfällt. Für den zweitgenannten Verlauf eignet sich der Vergleich mit Prepaidkosten, welche erst dann an Wert verlieren, wenn sie genutzt werden.

Ein Wert, der von Natur aus langfristiger ist, verliert somit eher konstant an Wert, während ein kurzfristiger Wert seinen vollen Nutzen und Wert behält, bis dieser auf einmal genutzt wird.

Der nicht erwähnte Typ von Vermögenswerten ist Landbesitz, da dieser zu permanten Werten gezählt wird.

Ein Vermögenswert muss nicht materiell sein, wie beispielsweise eine Maschine. Er kann ebenso unsichtbar bzw. virtuell sein, wie ein Patent oder ein Copyright. Auf einem anderen Level kann ein Wert ebenfalls alles sein, was für ein Unternehmen oder eine Privatperson von Nutzen ist, oder was einen Wert dadurch erhält, dass es verkauft oder vermietet wird.

Ein Wert hat Zugang zu aktuellen finanziellen Mitteln eines Unternehmens, zu dem andere Unternehmen oder Einzelpersonen keinen Zugang haben. Eine Berechtigung ist durchsetzbar, was bedeutet, dass eine Vereinigung ökonomische Werte als ihre nutzen kann und deren Nutzen daraus beim Eigentümer ausgeschlossen oder beschränkt werden kann.

Um einen Wert verfügbar zu machen, muss das Unternehmen zum Zeitpunkt des finanziellen Rechnungsabschlusses eine Berechtigung besitzen. Eine ökonomische Ressource ist selten und besitzt die Fähigkeit, ökonomische Vorteile zu verschaffen, indem sie Einkommen generiert und Ausgaben minimiert.

Vermögenswerte können kategorisiert werden in kurzfristige oder momentane Werte, feste Werte, finanzielle Investitionen und immaterielle Werte. Vermögenswerte sind im Bilanzenbericht eines Unternehmens vermerkt, abhängig von vergangenen Kosten und Anpassungen für Fortschritte und

Verbesserungen. Die tatsächlich dort notierete Summe bezeichnet man als Bilanzwert.

Typen von Vermögenswerten

Feste Vermögenswerte

Ein fester Vermögenswert ist ein langfristig bestehendes Eigentum von Land, das eine Firma besitzt und welches in der Zeit genutzt wird, in der es Ertrag bringt, und welches vorraussichtlich frühestens nach einem Jahr zu Geld gemacht wird. Feste Vermögenswerte werden manchmal generell als "Anlagen" bezeichnet.

Das Unternehmen hat kein Interesse daran, diese zum Zeitpunkt des Erwerbs weiterzuverkaufen. Stattdessen bleiben sie im Unternehmen, solange das Unternehmen weiterläuft.

Dazu zählen Räumlichkeiten, Möbel, Ausrüstung, Fahrzeuge etc. Sind diese nicht länger brauchbar, werden sie aussortiert oder verkauft.

Feste Vermögenswerte werden zu diesen, weil sie unter diesem Umstand nicht jederzeit in Geld umwandelbar sind. Es benötigt Zeit und aufwändige Prozeduren, um sie in Geld zu verwandeln. Land, Gebäude, Anlagen, Technik, Ausrüstung und Möbel sind einige dieser festen Vermögenswerte.

Eine andere Bezeichnung für diese sind nicht aktuellen Werte, langfristige Werte oder harte Werte. Für die meisten dieser Werte gilt, dass sie mit der Zeit an finanziellem Wert verlieren, was man als Verfall bezeichnet.

Generell werden immaterielle langfristige Vermögenswerte wie Markennamen und Lizenzen nicht als fester Vermögenswert bezeichnet, sondern spezifischer als feste, immaterielle Vermögenswerte.

Ein fester Vermögenswert wird für die Produktion von Gütern oder Leistungen, zum Verleih an Dritte oder zum Gebrauch im Unternehmen angeschafft. Sie werden kurz auch als Land, Anlagen und Ausrüstung bezeichnet. Ebenso kann ein fester Vermögenswert Utensilien wie Laptops, immaterielle Dinge wie Urheberrechte, Markennamen, Patente oder Firmenwerte bezeichnen.

Beispiele für feste Vermögenswerte

Feste Vermögenswerte können Gebäude, Computer, Ausrüstung, Software, Möbel, Land, Maschinen und Fahrzeuge umfassen.

Produziert eine Firma beispielsweise Güter und liefert diese, ist der Lastwagen für den Transport ein fester Vermögenswert. Wenn ein Unternehmen einen Parkplatz einrichtet, ist dieser ebenfalls ein fester Vermögenswert.

Die Bedeutung von festen Vermögenswerten:

Informationen über die Vermögenswerte eines Unternehmens helfen dabei, konkrete finanzielle

Aussagen zu treffen und Unternehmenswerte und sorgfältige finanzielle Prüfungen durchzuführen.

Spekulanten nutzen diese Berichte, um das Wohlergehen eines Unternehmens zu bestimmen und zu beurteilen, ob es sinnvoll sein könnte, Aktien zu kaufen oder Geld in den Betrieb zu stecken. Benutzt ein Unternehmen unterschiedliche Strategien der Bewertung, Abwertung und Anordnung seiner Vermögenswerte, studieren Analysten diese finanziellen Aussagen und können auf diese Weise herausfinden, wie die Zahlen zustande kommen.

Feste Vermögenswerte verlieren an Wert, je älter sie werden. Weil sie langfristiges Einkommen generieren, sind die Kosten für diese Werte abweichend von anderen Gütern. Unkonkrete Werte sind Bestand von zeitweiligem Wertverlust, während nicht konkrete Werte Anlagewerte darstellen.

Eine bestimmte Summe dieser Vermögenswerte sind jährliche Kosten. Der finanzielle Wert des Vermögenswertes nimmt mit dem tatsächlichen Wert im Entwertungsprozess im Bilanzenbericht des Unternehmens ab. Das Unternehmen kann dann die verursachten Kosten des Vermögenswerts mit dem langzeitigem Wert verrechnen.

Wenn ein Unternehmen einen Vermögenswert abwertet, kann dies an seinem Bilanzwert, an der bezahlten Summe für den Wert, dem aktuellen Marktwert oder entstanden Kosten liegen.

Handelt es sich jedoch um eine natürliche Ressource wie Land, verliert diese nicht an Wert, da sie im Gegensatz zu anderen Werten nicht aufgebraucht werden kann.

Langfristige Vermögenswerte

Langfristige Vermögenswerte sind Schätzungen über das Eigentum eines Unternehmens, die Ausrüstung und andere Vermögenswerte, abgezogen davon wird der Wertverlust.

Dies alles wird im Bilanzenbericht dokumentiert. Es ist zu erwähnen, dass langfristige Vermögenswerte meistens zu den Preisen notiert werden, zu denen sie angeschafft wurden, diese jedoch nicht immer dem aktuellen Wert entsprechen.

Es gibt Investoren zufolge drei finanzielle Aussagen. Diese sind die Einkommensverhältnisse, der Geldfluss und der Bilanzenbericht. Das Einkommensverhältnis gibt einen Überblick über Geschäfte und Ausgaben. Der Geldfluss gibt einen Überblick über die Herkunft und den Gebrauch des Geldes und der Bilanzenbericht schafft einen Überblick über die Vermögenswerte, die Schulden und die Aktionärsbeteiligungen. Um sicherzugehen, lautet die Gleichung für die Buchhaltung "Vermögenswerte entsprechen den Schulden + den Aktionärsbeteiligungen", da ein Unternehmen die Anschaffung von Vermögenswerten nur mit dem Kapital der Schulden und dem Wert der Investoren finanzieren kann.

Einen wichtigen Teil des Bilanzenberichts stellen die langfristigen Vermögenswerte da, die vom Unternehmen fest für mehr als ein Jahr eingeplant werden. Änderungen in diesen langfristigen Werten können ein starkes Anzeichen für Kapitalanlagen oder Kapitalauflösung sein; Geld wird genutzt und Kapitalauflösung ist die Folge.

Es gibt jeweils zwei Arten von Vermögenswerten und Finanzenbilanzen: aktuelle und nicht aktuelle. Aktuelle Vermögenswerte werden seperat aufgeführt und zeigen den Wert des Vermögenswerts an, der im laufenden Jahr genutzt werden soll. Ein Beispiel dafür ist der häufigste aktuelle Vermögenswert eines Einzelhandelsunternehmens, das Inventar. Dies ist der Grund dafür, dass Analysten und Buchhalter diese oft zu den nicht aktuellen Vermögenswerten zählen.

Die unterschiedlichen Typen von langfristigen Vermögenswerten

Langfristige Vermögenswerte beinhalten langfristige Investitionen wie Wertpapiere und Aktien oder ein Erbe.

Kapitalisiert sind "Eigentum, Anlagen und Hardware" im Begriff langzeitiger Vermögenswert eingefasst, was jedoch nicht auf den Teil zutrifft, der im laufenden Jahr genutzt oder abgewertet wird. Kapitalisierte Vermögenswerte sind langfristig fortlaufende, die mehr als ein Jahr von Nutzen sind. Dies wird in der Buchhaltung als Wertminderung bezeichnet.

Wertminderung ist eine Form der Buchhaltung, die es Unternehmen erlaubt, Ausgaben für einen Vermögenswert für den Zeitraum eines langfristigen Vermögenswerts, welcher im laufenden Jahr genutzt wird, zu tätigen. Es ist eine nicht reale Ausgabe, die Nettoeinkommen generiert und dabei hilft, das Einkommen mit den Kosten in einem gewissen Zeitraum zu koordinieren.

Dies umfasst Land, Gebäude, Maschinen, Fahrzeuge, Ausrüstung und immaterielle Werte wie Lizenzen und Markennamen. Aktuelle Vermögenswerte oder kurzfristige Vermögenswerte sind solche, die nur über einen kurzen Zeitraum im Unternehmen verbleiben, der meistens weniger als ein Jahr ist. Der Wert dieser Vermögenswerte ändert sich fortlaufend; so erhöht und verringert sich der Wert einer Aktie in der gleichen Zeit, wenn diese gekauft und verkauft wird. Einige Vermögenswerte werden von Unternehmen nur angeschafft, um sie bei höherer Nachfrage wieder zu verkaufen, wie beispielsweise Aktien. Bargeld ist ein wichtiger Vermögenswert, da es ermöglicht andere Werte zu erwerben. Andere Beispiele sind Geld bei der Bank, Schuldner (Kreditnehmer, die dem Unternehmen Geld schulden, weil sie Waren gekauft haben, für die sie noch aufkommen müssen).

Vermögenswerte, die einfach zu Geld zu machen sind, wie Aktien, Inventar, marktfähige Wertpapiere, kurzfristige Spekulationen, Einkommen, Schuldner und Prepaidkosten, werden als aktuelle Vermögenswerte klassifiziert. Diese sind, verglichen mit den langfristigen, meistens nur über einen kurzen Zeitraum aktiv und können ebenfalls als "flüssige" Vermögenswerte bezeichnet werden.

Aktuelle Vermögenswerte

Aktuelle Vermögenswerte werden finanziell als Wert aller Vermögenswerte, die innerhalb eines Jahres zu Geld verwandelt werden können, notiert. Diese beinhalten Bargeld, Bargeldequivalente, Inventar, Prepaidkosten und andere flüssige Werte, die sofort zu Bargeld gemacht werden können.

Aktuelle Vermögenswerte sind essentiell für Unternehmen, da sie die täglichen Geschäfte und fortlaufende Ausgaben decken können. Abhängig von der Branche des Unternehmens reichen diese kurzfristigen Vermögenswerte von Rohöl zu Backwaren und ausländischen Währungen. In einem Bilanzenbericht wird diese Marktliquidität aufgeführt.

Vermögenswerte, die nicht innerhalb eines Jahres oder eines Rechnungszeitraums einfach zu Geld gemacht werden können, sind nicht in dieser Kategorie eingeschlossen, sondern zählen zu den langfristigen Vermögenswerten. Es hängt von der Branche des Unternehmens ab, aber generell zählen Land, Gegebenheiten, Ausrüstung und Urheberrechte.

Ausstehende Zahlungen, Rechnungen an Kunden, die noch beglichen werden müssen, werden zu den aktuellen Vermögenswerten gezählt, so lange davon ausgegangen werden kann, dass diese in einem Jahr beglichen werden. Hat ein Unternehmen Vergünstigungen erteilt, indem sie Kredite zu lockereren Konditionen vergeben haben, kann das zur Folge haben, dass einige offene Forderungen über einen längeren Zeitraum oder gar nicht gezahlt werden. Diese Prüfung spiegelt sich wieder in der Entschädigung für zweifelhafte Forderungen, welche von ausstehenden Zahlungen abgezogen werden.

Eigenes Inventar ist in den Begriff der aktuellen Vermögenswerte miteinbezogen, was jedoch mit Vorsicht genossen werden sollte. Unterschiedliche Buchhaltungsmethoden können genutzt werden, um Aktien aufzuwerten, jedoch sind flüssige Vermögenswerte vorzuziehen um diese im Notfall schneller veräußern zu können. Wahrscheinlich aber nicht so schnell wie ausstehende Rechnung, die immerhin an Sammelstellen verkauft werden können, wenn auch zu hohen Konditionen.

Prepaidkosten zählt man ebenfalls zu den aktuellen Vermögenswerten, nicht aus dem Grund, dass man sie zu Geld machen könnte, sondern weil das Geld bereits aufgewendet wurde und sie somit ermöglichen, Geld für andere Dinge auszugeben. Im fortlaufenden Jahr verlieren diese Prepaid-Karte-Vermögenswerte zwar an Wert, werden aber fortgeführt. Eingeschlossen in diese Prepaidwerte sind zum Beispiel Zahlungen an Versicherungen oder an andere Vertragspartner.

Komponenten der aktuellen Vermögenswerte werden dazu genutzt, um die Liquidität eines Unternehmens zu errechnen. Die Geldanteile sind konservativ: Geld und Geldequivalente werden durch die Schulden geteilt, was dann Aussagen darüber machen lässt, ob das Unternehmen fähig ist, sofort alle seine kurzfristigen Schulden abzubezahlen.

Eine andere Methode ist weniger strikt, dabei werden Geld, marktfähige Wertpapiere und ausstehenden Rechnungen zusammengezählt und dann durch die Summe der Schulden geteilt. Diese Methode ermöglicht eine realistischere Einschätzung darüber, ob das Unternehmen dazu fähig ist, seinen kurzfristigen finanziellen Pflichten nachzukommen. Nachteil an dieser Methode ist jedoch, dass es leicht zu Abweichungen und damit zu nicht ganz korrekten Aussagen, verursacht durch den Rückstand ausstehender Rechnungen, kommen kann.

Geht es um die persönlichen Finanzen, werden Bargeld, Geld auf der Bank und Wertpapiere, die nicht an langfristige Investitionen gebunden sind, als gegenwärtige Vermögenswerte bezeichnet.

Anders kann man sagen, dass gegenwärtige Vermögenswerte all das ist, womit man sofort bezahlen und Schulden begleichen kann, ohne feste Vermögenswerte verkaufen zu müssen.

Beurteilung von Vermögenswerten

Die Beurteilung von Vermögenswerten ist der Prozess, bei dem man den Wert eines Unternehmens, eines Eigentums oder anderer Wertgegenstände ermittelt. Diese Prüfung spielt sich normalerweise vor dem Erwerb oder der Erhaltung eines Vermögenswertes ab und basiert auf dem Geldfluss, dem Transaktionswert oder anderen Methoden der Kosten-Beurteilung.

Für die Prüfung von Vermögenswerten gibt es viele unterschiedliche Ansätze und Methoden. Vermögenswerte umfassen Aktien, Wertpapiere, Hardware, sowie immaterielle Dinge wie Marken, Wohlwollen und Arbeitskraft, was zur Folge hat, dass Gutachten über diese meistens subjektiv und nach festgelegten Richtlinien erstellt werden.

Gibt es für Unternehmen keine genauen finanziellen Aussagen, die Investoren Aufschluss über den Wert dieses bringen, ist das Unternehmen ein immaterieller Vermögenswert und das Gutachten ist dementsprechend subjektiv.

Andererseits ist der Profit eines Unternehmens ein Wert, der objektive Aussagen zulässt, da er anhand des Einkommens ermittelt wird. Möchte ein Unternehmen also einen Vermögenswert eines anderen Unternehmens erwerben, kann der Wert dieses anhand des Buchwerts, des aktuellen Marktwerts oder des Transaktionswerts beurteilt werden.

Vermögenswert-Prüfungsverfahren

Um ein Unternehmen finanziell beurteilen zu können, schauen Experten auf den Buch- und den Marktwert eines Vermögenswertes. Aufgrund von bereits verursachten Kosten liegt der Marktwert unter dem Buchwert eines Vermögenswertes.

Eine der gängigsten Methoden, um einen Wert für einen Vermögenswert zu bestimmen, ist es ihn mit vergleichbaren Vermögenswerten zu vergleichen und damit das Potenzial für einen möglichen Geldfluss erkennen zu können. Anschaffungskosten, Ersetzungskosten und der errechnete Wertverlust sind ebenfalls Methoden zur Begutachtung eines Vermögenswertes.

Eine Methode, die von der gängigsten abweicht, basiert auf dem erwarteten zukünftigen Geldfluss.

So basiert der Wert einer Aktie auf Dividenden und den erwarteten Börsenkursen. Der Wert von Wertpapieren basiert auf dem zukünftigen Geldfluss und der tatsächliche Wert eines Grundstücks zum Großteil auf der Verpachtung. Diese Methode ist nur anwendbar auf Vermögenswerte, die einen Geldfluss generieren. Vermögenswerte, die dies nicht tun, werden vom Prüfer mit anderen Analysen behandelt.

Asset Valuation

Liquide Vermögenswerte werden auf dem Markt gehandelt und haben deshalb einen Marktwert. Vermögenswerte, die einen Marktwert besitzen, werden für ein Mehrfaches gehandelt.

Aktien werden oft anhand des Kosten-Nutzenverhältnisses, des Kosten-Buchwertverhältnisses und des Geldflusses bewertet. Diese sind relative Marktbewertungen. Die Bewertung von Austausch- oder Ersetzungskosten dient dazu, ein Geschäft mit gleichen Vermögenswerten zu finden, was besonders für nicht liquide und Vermögenswerte ohne Marktwert geeignet ist.

Beispielsweise Hausverkäufe durchlaufen einen Zyklus der Nachfrage. Um den aktuellen Wert seines Hauses zu bestimmen, analysiert man also am einfachsten die Preise für vergleichbare Objekte in der gleichen Umgebung.

Historische Kosten

Die Bewertung der historischen Kosten ist eine Form der Buchhaltung, bei der auf dem Bilanzenbericht lediglich der Anschaffungspreis eines Vermögenswertes notiert wird. In den Vereinigten Staaten wird diese Methode "GAAP" genannt und bedeutet "Anerkannte Buchhaltungs-Prinzipien". Ein Beispiel für diese Methode ist Folgendes: Der Hauptsitz eines Unternehmens, wozu das Land und das Gebäude gehören, wurden im Jahr 1925 für 100,000 Dollar gekauft, aber der aktuelle Marktwert beträgt mittlerweile 20 Millionen Dollar, dann wird dieser Vermögenswert trotzdem mit 100,000 Dollar notiert.

Mit diesem GAAP-Prinzip, basierend auf den historischen Kosten, werden die meisten Vermögenswerte in der Buchhaltung mit ihrem damaligen Preis notiert, auch wenn sich der Wert dieses mit der Zeit signifikant verändert hat. Es gibt allerdings auch Ausnahmen, so werden beispielsweise Marktwerte mit dem aktuellen Wert notiert.

Wertverlust von Vermögenswerten

Das Prinzip der historischen Kosten ist eines von 4 grundlegenden Prinzipien der Buchhaltung. Einen Vermögenswert mit diesem zu beurteilen, hat den Vorteil, dass man bei instabilen Marktverhältnissen den Wert nicht überschätzt. Des Weiteren muss bei diesen konservativen Ansätzen der Buchhaltung jeder Wertverlust vermerkt und mit den historischen Kosten verglichen werden. Das Abziehen des Wertverlustes von den historischen Kosten hat einen niedrigeren Nettowert des Vermögenswerts als Ergbnis, was garantiert, dass man den tatsächlichen Wert nicht überschätzt.

Wertminderung von Vermögenswerten

Unabhängig vom Wertverlust eines Vermögenswertes, verursacht durch physischen Verschleiß und Abnutzung über einen langen Zeitraum, tritt bei vielen, auch den immateriellen Vermögenswerten, wie dem Firmenwert, eine Wertminderung ein. Mit dieser Minderung ist der Marktwert eines Vermögenswertes dann niedriger als der, der ursprünglich im Bilanzenbericht vermerkt wurde.

Vollzieht ein Unternehmenen interne Geschäftsveränderungen, hat diese Umstrukturierung meistens etwas mit den Kosten, die durch die Schwächung von Vermögenswerten entstehen, zutun. In diesem Fall ist die Abwertung eines Vermögenswertes aufgrund von aktuellen Marktbedingumgen eine konservativere Buchhaltungsmethode als die der historischen Kosten. Ist die Wertminderung eines Vermögenswertes angemessen, vermindert diese den Profit des Unternehmens.

Markt zu Markt

Das Markt-zu-Markt-Prinzip gilt als eine Methode, bei der bestimmte Vermögenswerte mit ihrem Marktwert in dem Bilanzenbericht dokumentiert werden, was bedeutet, dass sich der Wert in diesem verändert, sobald der Markt sich verschiebt und der Wert des Vermögenswerts somit wächst oder abnimmt. Die Differenz zwischen dem Markt-zu-Markt-Prinzip und dem der historischen Kosten hilft dabei, Vermögenswerte zu bestimmen, die man behalten sollte, um zu einem späteren Zeitpunkt mehr mit ihnen verdienen zu können. Der aktuelle Marktwert kann genutzt werden, um Voraussagen über den Geldfluss aus potentiellen Verkäufen zu treffen.

Ein Beispiel dafür wären Vermögenswerte, die für spätere Handelszwecke behalten werden. Verändert sich der Markt, fallen oder steigen die Wertpapiere und zeigen somit ihren Wert unter bestimmten Bedingungen.

Materielle Vermögenswerte

Materielle Vermögenswerte sind solche, die wir anfassen, sehen und fühlen können. Alle festen Vermögenswerte sind deshalb materiell und auch gegenwärtige Vermögenswerte wie Inventar und Bargeld fallen in diese Kategorie.

Materielle Vermögenswerte können getauscht und zu Geld gemacht werden, wenn sie benötigt werden. In Geschäften mit hohen Risiken gibt es eine große Anzahl an sicheren Vermögenswerten, die das Risiko für das Unternehmen minimieren, weil sie dazu genutzt werden können, eventuelle Verluste auszugleichen. Solange die Werte der materiellen Vermögenswerte eines Unternehmens die Summe des Geldes überschreiten, die auf einem Geschäftsunterfangen basieren, erhält das Unternehmen Sicherheit.

Unverwechselbare Vermögenswerte zu besitzen, verschafft einem Unternehmen Steuervorteile aufgrund anderer Kosten für den Wertverlust. Leiht sich eine Firma beispielsweise einen materiellen Vermögenswert, folgt daraus, dass monatliche Mietkosten entstehen. Auch wenn der Vermögenswert genutzt wird, handelt es sich um ein teueres Unterfangen.

Für das Unternehmen, dem dieser entliehene Wert gehört, wird der Wert dieses dennoch auf der Einkommenserklärung erwähnt und man sieht die monatlichen Kosten durch den Wertverlust, auch wenn die Steuern sich minimiert haben. Der genaue Betrag des monatlichen Wertverlustes hängt von der Umgehensweise des Unternehmens ab.

Der Nachteil daran, materielle Vermögenswerte zu besitzen, ist der, dass sie zwar teilweise finanziell "flüssig" sind, aber eben nur teilweise. So muss ein Unternehmen den Vermögenswert vielleicht transportieren oder den Preis senken, damit dieser verkauft werden kann. Ein weiterer Nachteil ist, dass materielle Werte oft von vielen Unternehmen besessen werden, was bedeutet, dass das Angebot nicht variiert und die Möglichkeit, die Vermögenswerte zu einem hohen Preis zu verkaufen, sinkt.

Immaterielle Vermögenswerte

Immaterielle Vermögenswerte sind solche, die wir nicht sehen, fühlen oder anfassen können. Beispiele dafür sind Firmenwerte, Franchiseverträge, Patente, Urheberrechte, Marken und Markennamen.. Der Grund dafür, dass auch diese Dinge als Vermögenswerte bezeichnet werden, ist der einfache, dass der Besitzer dieser Geld durch diese Werte verdient. Der Markenname und der Firmenwert eines Unternehmens tragen maßgeblich zu einem guten Marketing und dem Verkauf von Produkten bei, da die Kaufentscheidung vieler Käufer darauf basiert, dass ein Produkt einen bestimmten Markennamen trägt.

Wichtigkeit von Vermögenswerten

Einen genauen Überblick über die Vermögenswerte seines Unternehmens zu haben, spart Geld und Zeit. Deshalb ist das Management der Vermögenswerte der Prozess, bei dem man versucht, das Beste aus diesen herauszuholen, um maximale Gewinne für alle Akteure zu erzielen. Dazu zählt meistens auch die Rückgewinnung von Vermögenswerten. Unternehmen besitzen eine Vielzahl von festen und beweglichen Vermögenswerten, weshalb es wichtig ist, diese Korrektur verwalten, um am Ende höchstmögliche Gewinne mit diesen erzielen zu können. Es folgen die wichtigsten Gründe dafür, wieso das Managment von Vermögenswerten so wichtig ist.

1. Es erlaubt einem Unternehmen, einen genauen Überblick über all seine Vermögenswerte zu haben. Dies beinhaltet das Wissen darüber, wo sie sich befinden, wie sie genutzt werden und wie sie sich verändern. Diese Daten geben Sicherheit darüber, dass nach einer möglichen Rückgewinnung und Verbesserung von Vermögenswerten wieder bessere Ergebnisse erzielt werden.

2. Vermögenswerte in einer angemessenen und genauen Art und Weise zu dokumentieren, ermöglicht es, bei Nachfrage durch einen möglichen Investor, einen detaillierten Inventarsbericht vorlegen zu können.

3. Vermögenswert-Managment ist, sicher sein zu können, dass Tilgungsraten und Aussagen über die finanzielle Situation des Unternehmens angemessen sind.

4. Die Rückgewinnung und Verbesserung von Vermögenswerten werden automatisch vom Managment notiert. Sobald ein Vermögenswert ausrangiert oder verkauft wird, wird dieser sofort aus der Buchhaltung und den Berichten gestrichen. Vergleichbare Vermögenswerte, wie solche, die geschont oder verkauft werden, werden in einem separaten Bereich dokumentiert.

5. Es ermöglicht effektiveres Handeln, da es dem Unternehmen die Gelegenheit bietet, seine Kapazitäten von Vermögenswerten und die Art, diese effektiver einzusetzen, verstehen zu können.

6. Es erlaubt die Umsetzung eines Risikomanagment-Plans. Da das Managment von Vermögenswerten ebenfalls die Risiken, den Nutzen und den Eigentümer kennt und bewertet, können mögliche Risiken erkannt werden und eine Lösung zur Vermeidung dieser gefunden werden.

7. Akurates Managment der Vermögenswerte hilft ebenfalls dabei, Vorgänge wie Planungen, Ressourceneinsatz und die Umsetzung von Managmentrichtlinien zu optimieren.

8. Sogenannte "Geister"-Vermögenswerte werden aussortiert. Es kommt vor, dass verlorene oder gestohlene Gegenstände noch in den Inventarlisten aufgeführt sind, obwohl sie nicht mehr im Besitz des Unternehmens sind, ist dies der Fall, spricht man von "Geister"-Vermögenswerten. Oft kommt es ebenfalls vor, dass Gegenstände lediglich falsch dokumentiert werden.

9. Mit einem Managmensystem wird die Anzahl von Diebstählen vermindert, indem die Anzahl der Rückgaben von Gegenständen erhöht wird und keine verloren gehen.

Was ist finanzielle Pficht

Finanzielle Verpflichtungen sind Schulden oder Zusicherungen eines Unternehmens, die während der Tätigung von Geschäften entstehen. Diese Schulden werden mit der Zeit durch den Tausch von finanziellen Werten wie Geld, Produkten oder Leistungen beglichen. Dokumentiert auf der rechten Seite eines Berichtes über die Vermögenswerte setzen sich finanzielle Verpflichtungen aus Krediten, zu zahlende Rechnungen, Verträgen, verzögerte Umsätzen und angesammelte Kosten zusammen.

Schulden sind ein unverzichtbarer Teil eines Unternehmens, da sie gemacht werden müssen, um Geschäfte und große Anschaffungen finanzieren zu können und sie können sogar den Austausch zwischen zwei Unternehmen verbessern. Verkauft beispielsweise ein Weinhersteller einen Karton Wein an ein Restaurant, dann wird nicht verlangt, sofort bei der Lieferung zu bezahlen, sondern der Lieferant erstellt ein Rechnung für die Lieferung, um den Prozess der Auslieferung zu beschleunigen und es dem Restaurant einfacher zu machen, dafür zu bezahlen. Das vorgestreckte Geld, das das Restaurant dem Lieferanten nun schuldet, bezeichnet man als finanzielle Verpflichtung. Auf der anderen Seite bedeutet diese für den Weinlieferanten, dass er einen Vermögenswert in Form einer noch ausstehender Rechnungen für seine Lieferung besitzt.

Generell bedeutet eine finanzielle Verpflichtung, im Zahlungsrückstand für etwas zu sein, und bezieht sich auf Geld und alle anderen finanziellen Werte, die einer anderen Partei geschuldet werden. Steuerschulden können sich beispielsweise auf die Eigentumssteuer beziehen, die ein Hausbesitzer der Kommune zahlen muss, oder die Einkommenssteuer, die er dem Staat schuldet. Verpflichtung und Schulden können also sowohl durch Unternehmen als auch durch Einzelpersonen entstehen.

Viele Unternehmen haben eine Versicherung für entstandene Schulden, für den Fall, dass ein Kunde auf den Erlass der Schulden klagen sollte. Der finanzielle Wert und alle Schulden, die ein Unternehmen anderen Unternehmen oder Einzelpersonen schuldet, bezeichnet man als finanzielle Verpflichtung. Vereinfacht gesagt sind finanzielle Verpflichtungen Kosten aus vergangenen Transaktionen, die vom Unternehmen mit seinen eigenen Vermögenswerten bezahlt werden müssen.

Typen von finanziellen Verpflichtungen

Gegenwärtige Verpflichtungen

Schulden, die innerhalb eines Jahres beglichen werden, bezeichnet man als gegenwärtige finanzielle Verpflichtungen. Diese Verpflichtungen sind auch bekannt als kurzfristige Verpflichtungen, wenn sie in einem sehr kleinen Zeitraum, der weniger als ein Jahr beträgt, beglichen werden. Gläubiger, Lohnzahlungen, Bonuszahlungen, Rechnungen, Kreditgeber, Kontoüberziehungen, Dividenden, Lohnvorschüsse, Steuervergünstigungen, Einkommensteuerzahlungen, Provisionen, angesammelte Ausgaben und Teilzahlungen aus einem Jahr sind Beispiele für gegenwärtige finanzielle Verpflichtungen.

Gegenwärtige Verpflichtungen sind die Schulden, die in einem Jahr beglichen werden und auf dem Bilanzenbericht aufgeführt sind und kurzfristige Schulden, ausstehende Rechnungen und angesammelte Schulden inkludieren.

Kurz gesagt sind es Rechnungen, die den Kreditgebern und Dienstleistern in einer kurzen Zeit beglichen werden sollen. Normalerweise widerrufen Unternehmen ihre Verpflichtungen oder machen ihre Vermögenswerte zu Geld, anstatt ihren gegenwärtigen Verpflichtungen nachzukommen.

Analysten und Gläubiger benutzen meistens das gegenwärtige Verhältnis, welches gegenwärtige Vermögenswerte durch Schulen teilt oder das, bei dem gegenwärtige Vermögenswerte abzüglich des Inventars durch die Schulden dividiert werden, um festzustellen, ob eine Firma dazu in der Lage ist, seine gegenwärtige Schuld bezahlen zu können. Führt ein Unternehmen diese Operation durch, kann es vorkommen, dass es seine Aktien beziehen muss oder Leistungen von seinen Verkäufern beantragen muss, um diese zu einem späteren Zeitpunkt zurückzuzahlen.

Da das Unternehmen dies in der Zukunft berücksichtigen muss, sind neue Verpflichtungen entstanden. Verpflichtungen, die auf Nachfrage fällig werden oder in einem Jahr beglichen werden müssen, werden auf dem Bilanzenbericht als gegenwärtige finanzielle Verpflichtungen aufgeführt.

Beispiele für gegenwärtige Verpflichtungen
Zu begleichende Rechnungen sind meistens der größte Anteil der finanziellen Verpflichtungen ei-

nes Unternehmens und dessen finanzieller Situation und repräsentieren die Rechnungen, die das Unternehmen von Lieferanten für Material und Dienstleistern, die im Produktionsprozess verwendet werden, gestellt bekommen.

Ein anderer Name für diese gegenwärtigen Verpflichtungen ist abhängig von der Branche des Unternehmens und staatlichen Verordnungen. Diese beinhalten Dividendenzahlungen, Anzahlungen, den aktuellen Wert von späteren Einkünften, aktuelle Fristen von langfristigen Schulden und Interessenszahlungen. Manche Unternehmen benutzen für ihre Buchhaltung den Sammelbegriff "andere gegenwärtige Verpflichtungen", die in einem Jahr fällig werden und die in keine andere Kategorie einzuordnen sind.

Die Wichtigkeit gegenwärtiger Verpflichtungen

Das Wort Schulden wollen die meisten Unternehmensleiter lieber nicht benutzen, um ihr finanzielle Lage zu beschreiben, weshalb viele kleinere Unternehmen es vermeiden, ihre Schulden zu dokumentieren und zu bewerten. Schulden, die in den nächsten 12 Monaten gezählt werden müssen, bezeichnet man als gegenwärtige finanzielle Verpflichtungen. Um diesen Verpflichtungen nachzukommen, kann es unter Umständen nötig werden, Vermögenswerte und Geld zu verkaufen oder die Bezahlung ausstehender Rechnung einzufordern oder Inventar zu verkaufen. Gegenwärtige Verpflichtungen sind Gelder, die Arbeitnehmern oder Lieferanten geschuldet werden. Außerdem sollte ein Unternehmen Reserven für mögliche Steuerzahlungen und Aktien einplanen.

Warum die Einordnung von Verpflichtungen wichtig ist

Um die Zahlungsfähigkeit eines Unternehmens für seine Schulden beurteilen zu können, muss betrachtet werden, welche sofort fällig sind und welche erst später fällig werden. Während Langzeitschulden fortlaufende Abbezahlung erfordern, hat man bei diesen mehr Möglichkeiten, die Bedingungen neu zu verhandeln, als man dies bei kurzfristigen Projekten tun kann.

Vergleicht man seine gegenwärtigen Vermögenswerte mit seinen gegenwärtigen Schulden, bekommt man leicht Aufschluss darüber, wie zahlungsfähig man ist, wenn man seine kurzfristigen Schulden theoretisch heute begleichen müsste. Zusammengefasst bedeutet das: Teilt man die gegenwärtigen Vermögenswerte durch die gegenwärtigen finanziellen Verpflichtungen, erhält man das aktuelle Verhältnis, welches größer sein sollte als 1 zu 1. Ist dieses Verhältnis schlechter, ist man folglicherweise nicht dazu in der Lage, seinen kurzfristigen Verpflichtungen nachzukommen.

Um den Wert festzulegen, mit dem die gegenwärtigen Vermögenswerte die aktuellen Verpflichtungen übersteigen, subtrahiert man diese und erhält daraus sein verfügbares Kapital. Dieses Kapital ist anders gesagt die Fähigkeit, mit seinem Wert kurzfristigen Verpflichtungen und aufkommenden Ausgaben gerecht zu werden.

Vergleicht man die Werte seiner aktuellen Werte in Schuldenverhältnissen mit dem Kapital seines Unternehmens, sieht man leicht, wie gut oder wie schlecht die kurzzeitigen Verpflichtungen gemanagt werden. Will man also gute Geschäftsentscheidungen treffen, kommt man nicht daran vorbei, sich die Bilanz-Berichte und die Buchhaltung seines Unternehmens genau durchzulesen. Tut man dies nicht, entstehen unschöne und unangenehme Wörter wie "Schulden".

Buchhaltung von gegenwärtigen Verpflichtungen

Erhält eine Firma wirtschaftliche Vorteile, die innerhalb eines Jahres bezahlt werden müssen, müssen diese sofort als Krediteingang für eine gegenwärtige finanzielle Verpflichtung notiert werden. Abhängig vom Ursprung der erhaltenen Vorteile klassifizieren die Buchhalter des Unternehmens diese als Vermögenswert oder als Ausgabe.

Geht man von einem großen Autohersteller aus, der eine Lieferung von Abgasanlagen vom Verkäufer erhält, muss er diesem innerhalb der nächsten 90 Tage 10 Millionen Dollar zahlen. Da diese Teile aber nicht sofort in die Produktion gehen, werden sie von den Buchhaltern als Krediteingang zu ausstehenden Zahlungen notiert und als Lastschrift für 10 Millionen Dollar. Zählt das Unternehmen seine fälligen Beiträge an den Lieferanten, werden Lastschriften und Kredite über diesen Betrag fällig.

Andere gegenwärtige Verpflichtungen

Andere gegenwärtige Verpflichtungen werden die Verpflichtungen in der Buchhaltung genannt, die nicht den üblichen Verpflichtungen wie Schulden und ausstehenden Rechnungen entsprechen; das Ganze passiert, um die Buchhaltung zu vereinfachen. Investoren sollten in der Lage sein, herauszufinden, um welche anderen Verpflichtungen es sich handelt, indem sie nur die Fußnoten lesen.

Langfristige finanzielle Verpflichtungen werden in der Buchhaltung als Verpflichtungen, die nicht innerhalb der nächsten 12 Monate fällig werden, aufgeführt und beinhalten Schuldverschreibungen, Kredite, Steuerschulden und Pensionsverpflichtungen. Langfristige Schulden sind davon ausgeschlossen, um einen genaueren Blick über die aktuelle finanzielle Situation und die Fähigkeit, gegenwärtigen Verpflichtungen nachzukommen, wenn diese fällig werden, zu bekommen. Langfristige Verpflichtungen werden auch Langzeitschulden oder nicht gegenwärtige Verpflichtungen genannt.

Langfristige Verpflichtungen

Eine langfristige Verpflichtung ist eine nicht gegenwärtige Verpflichtung. Diese Verpflichtungen werden nicht innerhalb eines Jahres oder im jeweiligen Rechnungszeitraum eines Unternehmens fällig. Ein Rechnungszeitraum umfasst die Zeit, die benötigt wird, um Inventar in Geld zu verwandeln.

Die langfristigen finanziellen Verpflichtungen werden im Bilanzenbericht auf der rechten Seite notiert, um die Finanzierungs-Quellen darzustellen. Gibt es langfristige Verpflichtungen, von denen ein Teil innerhalb von 12 Monaten beglichen werden muss, zählen diese zu gegenwärtigen Verpflichtungen.

Hat ein Kredit beispielsweise zwei fällige Zahlungen zu jeweils 1000 Dollar, von denen eine innerhalb von 12 Monaten fällig wird und die andere nach diesem Zeitraum, wird die erste Zahlung als gegenwärtige Verpflichtung eingestuft und die zweite als langfristige. Langfristige Verpflichtungen kennzeichnen also, dass etwas erst nach einem Jahr oder einem längeren Zeitraum bezahlt werden muss.

Erwartungen an einen Bericht über langfristige Verpflichtungen

Eine Ausnahme der beiden genannten Beispiele stellen refinanzierte gegenwärtige Verpflichtungen dar, die durch diese zu langfristigen Verpflichtungen werden. Besteht das Vorhaben, eine Refinanzierung durchzuführen und es besteht ein Nachweis darüber, dass die Refinanzierung begonnen hat, kann ein Unternehmen seine gegenwärtigen Verpflichtungen als langfristige notieren, da nach der Refinanzierung die Verpflichtungen nicht mehr innerhalb von 12 Monaten fällig werden. Desweiteren werden langzeitige Verpflichtungen, die fällig werden, weiterhin als diese notiert, wenn eine Langzeitfinanzierung, um die Schulden zu begleichen, für die Verpflichtungen besteht. Diese Langzeitfinanzierung muss ausreichende Quellen haben, um die Schulden begleichen zu können.

Typen von langfristigen finanziellen Verpflichtungen

Langfristige Verpflichtungen sind Verpflichtungen, die über das laufende Jahr oder den aktuellen Geschäftzyklus hinaus reichen. Die folgenden Beispiele für langfristige Verpflichtungen finden sich auf dem Bilanzenbericht von Unternehmen:

Finanzierungsverpflichtungen

Diese beinhalten zu begleichende Rechnungen, also Schulden, die einem einzelnen Investor geschuldet werden, Anleihen, die einer Gruppe von Investoren geschuldet werden, Wandelschuldverschreibungen, die mit einer Provision für den Gläubiger der Schuldverschreibungen belegt sind, um diese für Stammaktien oder Aktien in Kombination mit Optionsanleihen zum Erwerb von Aktien einzulösen.

Betriebliche Verbindlichkeiten

Diese beinhalten Finanzierungsleasing-Verpflichtungen (Vertrag, um die Rechnungen für die Miete von Land, Equipment oder Eigentum zu bezahlen), Altersvorsorge-Leistungen und andere entstehende Kosten (inklusive latente Einkommenssteuer oder noch nicht beglichene Sammelklagen).

Beispiele für Langzeit-Verpflichtungen

Die langfristigen Anteile an einer Anleihenverbindlichkeit werden als langfristige Verpflichtung bezeichnet, da Anleihenverbindlichkeiten meistens eine lange Zeit bestehen. Die aktuellen Werte einer Leasingzahlung, die ein Jahr überschreitet, werden ebenfalls als langfristig bezeichnet. Aufgeschobene Steuerverpflichtungen werden meistens in zukünftige Jahre der Steuer aufgenommen; ist dies der Fall, handelt es sich ebenfalls um langfristige Verpflichtungen. Hypothekenforderungen, Zahlungen für Autos, Darlehen für Maschinen, Equipment oder Land sind ebenfalls langfristig und damit von einer Zahlung innerhalb der nächsten 12 Monate ausgeschlossen.

<u>Als Beispiele wären hier zu nennen:</u>

- Anleihenverbindlichkeiten

- Finanzierungsleasing

- Pensionsverpflichtungen

- Krankenversicherungs-Verpflichtungen

- Entgeldumwandlung

- Latente Einnahmen

- Latente Einkommenssteuer

Gegenwärtige und langfristige Verpflichtungen

Unternehmen unterteilen ihre Verpflichtungen in zwei Kategorien: die gegenwärtigen und langfristigen. Gegenwärtige Verpflichtungen sind alle solche, die innerhalb eines Jahres gezählt werden, während langfristige über einen längeren Zeitraum andauern. Wenn ein Unternehmen also beispielsweise eine Hypothek für 15 Jahre aufnimmt, ist diese eine langfristige Verpflichtung.

Die Hypotehekenschulden, die im folgenden Jahr fällig werden, werden als gegenwärtige Anteile von Langzeitschulden bezeichnet und werden auf dem Bilanzenbericht bei den gegenwärtigen Verpflichtungen notiert.

Im Idealfall wollen die Analysten feststellen, dass eine Firma seine gegenwärtigen Verpflichtungen, die in einem Jahr fällig werden, mit vorhandenem Geld bezahlen kann.

Beispiele für kurzfristige Verpflichtungen sind Personalkosten, ausstehenden Rechnungen und generell monatliche Ausgaben, Geld, das an Lieferanten gezahlt werden muss und ähnliche weitere Ausgaben.

Analysten wollen sehen, dass das Unternehmen dazu fähig ist, seinen langfristigen Verpflichtungen mit zukünftigen Einnahmen und Transaktionen aus Vermögenswerten gerecht zu werden. Schulden sind jedoch nicht die einzigen langfristigen Verpflichtungen, auch Mieten, latente Steuern, Lohnkosten und Ruhestandsvorsoge werden als langfristige Verpflichtungen gelistet.

Eventualitätsverbindlichkeit

Bestimmte Verbindlichkeiten müssen gezahlt werden, wenn ein bestimmtes Ereignis eintritt oder dieses eventuell eintreten kann. Wird eine Verbindlichkeit also fällig durch ein bestimmtes Ereignis, bezeichnet man diese als Eventualitätsverbindlichkeit. Zahlungsausfälle, Vertragsverletzungen, Imageschäden oder Sammelklagen sind Beispiele für eventuell auftretende Verbindlichkeiten. Diese werden nach dem Prinzip von was wäre, wenn diese tatsächlich verloren gingen, und mit der Berechnung eines Nominalwerts von möglichen Verlusten vergütet. Diese Verbindlichkeiten werden nicht auf dem Bilanzenbericht aufgeführt, werden aber seperat als Vermerk zum Bilanzenbericht erwähnt.

Was sind Vermögenswerte und Verbindlichkeiten?

Um einen Überblick über seine Vermögenswerte und finanziellen Pflichten zu haben, ist ein wichtiger Teil davon, ein Bild seiner finanziellen Situation zu haben. Besitzt man beispielsweise ein Auto, sollte man den Wert dieses in sein gesamtes Eigenkapital einberechnen. Auch wenn man ein Unternehmen besitzt, ist dies ein Vermögenswert, der im Kapital inbegriffen sein sollte. Verpflichtungen sind all diese Dinge, denen man Geld schuldig ist.

Ein Auto-Kredit, Hypothekardarlehen und die finanzielle Unterstützung von Kindern sind alles finanzielle Verpflichtungen, die man in seinem finanziellen Überblick berücksichtigen sollte. Trägt man seine Vermögenswerte und Verpflichtungen online ein, werden diese Werte von der Anwendung des Finanzenmanagments benutzt, um die finanzielle Situation berechnen zu können.

Beispiele für Vermögenswerte

- Fahrzeuge- der aktuelle Wert aller Autos, Motorräder, Boote, Wohnmobile etc, die man besitzt.

- Immobilien- der Wert des eigenen Zuhauses, von Land, Eigentumswohnungen und anderen Eigentümern, die man besitzt, auch wenn diese mit einer Hypothek versehen sind.

- Tilgungskonten- Den Wert der 401Ks, IRAs und anderen.

- Unternehmenseigentümerschaften- der Wert des Unternehmens, das man besitzt.

- Aktien, Wertpapiere und Investmentfonds, die man besitzt.

- Persönliche Werte- der Wert von Schmuck, Sammlerstücken, Möbeln etc, die man besitzt.

- Lebensversicherung- jeder Geldwert, den man besitzt.

Beispiel für Verpflichtungen

- Autokredite- die Summe, die man noch für sein Auto oder andere Fahrzeuge schuldig ist.

- Hypotheken

- Kinderunterstützung- der Betrag, den man noch benötigt, um seine Kinder finanziell zu unterstützen.

- Eigenheimkredite- der noch abzubezahlende Betrag an seinem Haus.

- Kreditkarten-Schulden- die Summe, die mit der Kreditkarte bereits bezahlt, aber noch nicht abgerechnet wurde.

- Studiendarlehen

Ein einfacher Satz, um Vermögenswerte und Verpflichtungen zu verstehen, ist folgender:

"Ein Vermögenswert bringt dir Geld ein und eine Verpflichtung nimmt dir das Geld."

Unterschiede zwischen Vermögenswerten und Verpflichtungen

Der essentielle Unterschied ist der, dass einem Vermögenswerte in der Zukunft einen finanziellen Vorteil verschaffen, während Verpflichtungen zukünftige Zahlungen anzeigen. Ein Anzeichen dafür, dass ein Unternehmen gut läuft, ist das, dass es einen breiten Grat zwischen Vermögenswerten und Verpflichtungen gibt.

Es gibt einige Aussagen, die den Unterschied zwischen Vermögenswerten und Verpflichtungen beschreiben:

- Die Fähigkeit eines Unternehmens, seine Vermögenswerte in kurzer Zeit zu Geld zu machen, sollten analysiert werden. Abgesehen von der Möglichkeit, dass die Anzahl der Vermögenswerte höher ist als die der Verpflichtungen, kann ein Unternehmen nicht für seine Verpflichtungen aufkommen, wenn die Vermögenswerte nicht zu Geld gemacht werden können.

- Der größte Unterschied ist jedoch der Wert, welcher eine fortlaufende Verantwortung im Unternehmen darstellt.

Für eine Einzelperson ist der wichtigste Vermögenswert mit Sichhertheit das eigene Zuhause. Der Hauskredit für dieses ist eine Verpflichtung. Die Differenz zwischen dem Wert des Hauses und dem Hauskredit, ist das Eigentum des Hausinhabers.

Die folgenden Punkte sind die wesentlichen bei der Unterscheidung zwischen Vermögenswerten und Verpflichtungen:

1. In der Buchhaltung sind Vermögenswerte Eigentum und Immobilien, die in der Zukunft zu Geld gemacht werden können, während Verpflichtungen Schulden sind, die in der Zukunft beglichen werden müssen.

2. Vermögenswerte beziehen sich auf finanzielle Quellen, die in der Zukunft ökonomische Vorteile bringen. Andererseits sind Verpflichtungen die Pflichten, die in naher Zukunft bezahlt werden müssen.

3. Vermögenswerte sind abnutzbare Gegenstände, die jedes Jahr einen Prozentsatz an Wert verlieren. Verpflichtungen verlieren nicht ihren Wert, sie sind beständig.

4. Im Bilanzenbericht werden Vermögenswerte auf der rechten Seite dokumentiert, während Verpflichtungen auf der linken stehen. Desweiteren sollte die Anzahl von Vermögenswerten und Verpflichtungen übereinstimmen.

5. Vermögenswerte unterteilt man in gegenwärtige und nicht gegenwärtige Vermögenswerte. Auch Verpflichtungen unterteilt man in gegenwärtige und nicht gegenwärtige Verpflichtungen.

Vermögenswerte sind die Dinge, die ein Unternehmen besitzt; diese schließen materielle Dinge wie Gebäude, Maschinen und Equipment, sowie immaterielle Dinge wie ausstehende Zahlungen, Patente oder geistiges Eigentum mit ein. Wenn ein Unternehmen seine Verpflichtungen von seinen Vermögenswerten subtrahiert, ist die Differenz das Eigenkapital des Inhabers. Dieser Zusamenhang lässt sich wie folgt beschreiben: Vermögenswerte − Verpflichtungen = Kapital des Eigentümers. Meistens wird dies jedoch so dargestellt: Verpflichtungen + Eigenkapital = Vermögenswerte

Kapitel 2:

Die richtige Einstellung zum Geld

"Du kannst nur wirklich das erreichen, was du auch liebst. Mache viel Geld nicht zu deinem Ziel. Verfolge stattdessen die Dinge, die du liebst, und dann tue das so gut, dass die Leute ihre Augen nicht von dir abwenden können." - Maya Angelou

---

Auf deiner Suche nach finanzieller Freiheit musst du eine gewisse Grundeinstellung, wie du mit Geld umgehst, erlernen. Während Geld ein universelles Thema ist, ist es nichts, worüber sich wohl viele Leute unterhalten, sei es in den Räumen ihrer vier Wände oder in der Außenwelt.

Unsere Einstellung gegenüber Geld ist eines der grundlegenden Dinge, die unser Verhalten lenken, ob gut oder schlecht. Das liegt daran, dass Geld ein sehr wesentlicher Teil unseres Lebens ist.

Gute Geldstrategien können nicht die ultimativen Lösungen für unser Geld bringen. Aber mit der richtigen Einstellung zu Geld kann viel erreicht werden.

Deshalb muss unsere Einstellung gegenüber Geld evaluiert und verändert werden. Wir müssen ändern, wie wir Geld sehen und darüber nachdenken.

Die richtige Einstellung zum Geld ist nicht nur für den finanziellen Erfolg essentiell, sondern auch für den Erfolg im Allgemeinen. Denn Geld bringt Glück.

Eine negative Einstellung gegenüber Geld beeinflusst die Art, wie du mit Geld umgehst. Es hält dich davon ab, dein Bestes zu tun, um Geld zu erwerben. Es macht dich unfähig, die Möglichkeiten zu sehen, die auf dich zukommen. Am Ende fällst du Entscheidungen, die zum Verlust des kleinen Geldes führen, das du mühsam erworben hast.

Aber wenn du eine positive Einstellung gegenüber Geld erlernst und du es sowohl bewusst als auch unbewusst haben willst, dann wirst du wie ein Magnet fungieren, der Geld auf unterschiedliche Weise anzieht, aus allen verschiedenen Richtungen.

Sei zufrieden

Zum Beispiel kommen jedes Jahr neue Handys heraus, ebenso neue Autos. Die richtige Einstellung gegenüber Geld zu haben, bedeutet, mit dem, was du hast, zufrieden zu sein. Wenn dein Auto nicht defekt ist und alle deine Wünsche erfüllt, warum sollte es gegen ein neues eingetauscht werden? Wenn dein Telefon in einwandfreiem Zustand ist, warum kaufst du ein neues? Die richtige Einstellung zum Geld bedeutet, dass du Gier ablegst und dich mit dem, was du hast, wohlfühlst. Auf diese Weise sparst du mehr Geld und sammelst mehr Vermögen.

Plane deine Finanzen

Jede Woche einen Finanzplan zu erstellen und einzuhalten, gehört auch zur richtigen Einstellung gegenüber Geld. Auf diese Weise sparst du mehr Geld und sammelst mehr Vermögen. Tipps & Tricks, was in einen anständigen vernünftigen Finanzplan gehört, werde ich dir im Laufe des Buches aufzeigen.

Sei vorsichtig

Kluge und umsichtige Ausgaben bilden die richtige Einstellung gegenüber Geld. Konzentriere dich darauf, Dinge zu kaufen, die wichtig sind. Versuche gleichzeitig, Extravaganzen und Exzesse abzuwerfen.

Investieren und zwar sicher

Genauso wie Don Connelly sagte: "Es ist ziemlich einfach, 20.000 € auszugeben, um zwei Menschen für zwei Wochen nach Europa zu bringen. Dieselben 20.000 €, die jedoch über mehrere Jahre zu einer vernünftigen Rendite investiert werden, machen die Opportunitätskosten für eine Überschreitung von Europa zu einem Fehler."

Investieren und sparen gehört genauso zur richtigen Einstellung gegenüber Geld. Es zeigt finanzielle Intelligenz und Bildung.

Es bedeutet, dass du den richtigen Weg einschlägst und dein mühsam erarbeitetes Geld für die richtigen Dinge ausgibst.

Was bedeutet finanzielle Freiheit und wie erreichst du sie?

Was ist finanzielle Freiheit?

Finanzielle Freiheit ist die Fähigkeit, auf deine alltäglichen Bedürfnisse einzugehen, ohne dich auf deine Arbeit verlassen zu müssen.

Wenn du finanziell frei bist, hast du die Möglichkeit, genügend Einkommen zu generieren, um ein komfortables Leben führen zu können, ohne dich bei einer Arbeit überanstrengen zu müssen, die du in Wirklichkeit gar nicht magst.

Eine finanziell freie Person ist in der Lage, ihre Zeit und Energie Dingen zu widmen, die sie gerne tut, anstatt einer Arbeit nachzurennen, die sie hasst. Denn sie ist zuversichtlich, dass sie ihre Grundbedürfnisse durch andere Einnahmequellen befriedigen kann.

Finanziell freie Individuen generieren mehr passives Einkommen als das, was sie von ihren täglichen Jobs bekommen würden.

Betrachte dieses Szenario:
Nehmen wir einmal an, dass deine Gesamtkosten in einem Jahr deutlich über dem Durchschnitt von 9.000 € liegen (auf 10 Jahren gesehen wirst du dann 90.000 € ausgeben) und zusätzlich hast du eine Immobilie, die du über einen Zeitraum von 10 Jahren für insgesamt 100.000 € vermietet hast. Dies bedeutet, dass du von den Gewinnen aus der Vermietung der Immobilie für einen Zeitraum von 10 Jahren leben könntest und sogar noch etwas Geld übrig hättest.

Du kannst also tun und lassen, was du willst, ohne dich auf einen Job einzulassen, den du nicht genießt und wobei du nur Zeit gegen Geld tauschst.

Damit du finanziell frei bist, müssen die Vermögenswerte, die du besitzt, in der Lage sein, ein Einkommen zu generieren, das größer ist als deine Ausgaben.

Es sollte verstanden werden, dass jeder unabhängig von Alter, Größe, Farbe oder Einkommen finanziell unabhängig sein kann.

Der Schlüssel ist, mehr zu verdienen, als du ausgibst. Betrachten wir ein Szenario, in dem ein 40-Jähriger ein Einkommen von 90.000 € pro Jahr hat, aber Ausgaben von 100.000 € verursacht. Eine solche Person ist nicht finanziell frei, da sie ein Mittel finden müsste, um dieses Defizit auszugleichen.

Auf der anderen Seite ist ein 22-Jähriger, der ein Einkommen von 1.000 € pro Jahr hat, aber Ausgaben von 700 € hat, finanziell frei. Dies nur, weil es absolut keinen Grund für ihn/sie gibt, gezwungen zu werden, etwas Uninteressantes zu tun, um extra zu verdienen.

Wie man finanzielle Freiheit erreicht

Da du ein höheres Einkommen als Ausgaben anstrebst, solltest du einen Weg finden, dein Einkommen zu erhöhen, dein Vermögen zu akkumulieren und deine Ausgaben zu reduzieren.

Akkumuliere deine Vermögenswerte, um dein Einkommen zu steigern

Erwerbe einnahmengenerierende Vermögenswerte. Diese Vermögenswerte neigen dazu, im Laufe der Zeit an Wert zu gewinnen. Wenn du sie am Ende verkaufst, bekommst du mehr Geld, als du brauchst.

Reduziere deine Ausgaben

Lebe einen einfachen Lebensstil, reduziere unnötige Ausgaben, wann immer es möglich ist.

Möglichkeiten zum Aufbau von Vermögenswerten

Wenn du damit beginnen möchtest, Vermögenswerte zu akkumulieren, um endlich finanzielle Freiheit zu erlangen, sind zusätzliche Maßnahmen erforderlich. Im Folgenden findest du Möglichkeiten zum Anhäufen von solchen Assets.

Erstelle und entwickle bestimmte Werte und Attribute

Werte und Gewohnheiten wie Integrität, harte Arbeit, Geduld und Disziplin sind von größter Bedeutung, um Vermögen anzuhäufen. Diese Eigenschaften werden dich motivieren, finanzielle Freiheit zu erlangen.

Berücksichtigen deine Karriereentscheidung

Deine Berufswahl ist sehr wichtig, wenn du finanzielle Freiheit erreichen willst. Tu dein Bestes, um einen Job zu finden, den du liebst und bei welchem du auch eine angemessene Menge Geld verdienst. Dies ist wichtig, um schnell finanzielle Freiheit zu erlangen und Vermögenswerte zu erwerben. Treffe eine fundierte Entscheidungen in Bezug auf deine Karriere und kommuniziere regelmäßig mit erfolgreichen Fachleuten, die dir helfen können, weiterzukommen.

Erwerbe Fähigkeiten des Geldmanagements

Dies ist eine sehr wichtige Voraussetzung, wenn du finanzielle Freiheit erlangen willst.

Der Plan ist es, in der Lage zu sein, das Geld, das du hast, richtig zu verwalten und dass deine Ausgaben deine Einnahmen nicht überschreiten.

Ohne diese Fähigkeit, egal wie viel du jährlich verdienst, wird es nie genug sein und du wirst nie finanzielle Freiheit erlangen. Du solltest nicht extravagant sein, du musst lernen, nur die Dinge zu kaufen, die du auch wirklich brauchst.

Lerne Budgets zu erstellen und diszipliniert zu sein, um dich an dein Budget zu halten. Kultiviere die Gewohnheit zu sparen. Lerne unnötige Ausgaben zu reduzieren.

Gib nur Geld für Dinge aus, die absolut notwendig sind. Lerne, wie du investierst und passives Einkommen generierst, du kannst das sowohl online tun oder auch physische Arten nehmen. Wähle die richtigen Mentoren. Fange klein an und sei vorsichtig.

Diversifiziere deine Interessen und Vermögenswerte.

Schlussendlich wirst du genug Vermögen aufbauen, um für den Rest deines Lebens finanzielle Freiheit zu erhalten.

Nach seinen Möglichkeiten leben

Wenn du finanziell frei bist, bist du schuldenfrei, du musst dich nicht darum kümmern, etwas zu tun, um das Gleichgewicht zu halten.

Um dies zu erreichen, ist es wichtig, mit den Mitteln zu leben die du hast. Denn wenn du mehr ausgibst, als du verdienst, entstehen Schulden, die sich nur schwer abbezahlen lassen. Auf diese Weise kannst du keine finanzielle Freiheit erlangen.

Bezahle deine Schulden ab (Kreditkarte und andere)

Eine Schuld bedeutet, dass du regelmäßig Zinsen tilgen musst. Indem du deine Kreditkartenschulden abbezahlst, stellst du sicher, dass du keine Zinsen zahlen musst und hast so mehr Möglichkeiten, Geld anderweitig zu investieren oder auszugeben.

Verdiene mehr und spare Geld

Sparen und Investieren sind wesentliche Voraussetzungen, um finanzielle Freiheit zu erlangen. Spare jeden Monat einen bestimmten Prozentsatz deines Einkommens, egal was passiert. Indem du härter arbeitest und mehr verdienst, kannst du mehr sparen und auch mehr investieren. Dies beschleunigt deine Reise in Richtung finanzielle Freiheit.

Versicherungen für wesentliche Dinge

Es ist wichtig, dass du die Dinge versicherst, auf die du nicht verzichten kannst oder welche dein Einkommen generieren. Auf diese Weise eliminierst du die Möglichkeit, deine Ersparnisse für unvorhergesehene Ereignisse zu verwenden.

Beispiele hierfür kann eine Arbeitsunfähigkeitsversicherung sein oder aber auch ein Vollkaskoschutz für dein Fahrzeug, wenn du dies für dein Einkommen benötigst.

Vermögenswerte, die du erwerben kannst, um finanzielle Freiheit zu erlangen

- Ein Grundstück oder eine Immobilie, die du vermieten kannst.
- Kapitalanlagen (Aktien, Anleihen und Einkommensstiftungen)
- Geldeinlagen bei Banken
- Lizenzen von kreativen Werken (wie Bildern, Büchern und Musik)
- Geldmarktkonten oder Kredite
- Immobilienvertrauensurkunden
- Beteiligungen an Unternehmen
- Rohstoffanleihen
- Renten nach dem Ruhestand
- Leibrente

Tipps & Tricks, um Geld im Alltag zu sparen

Um finanzielle Freiheit zu erlangen, ist es wichtig, dass du vorsichtig mit deinem Geld umgehst. Jeder Cent, den du ausgibst, egal wie wenig es erscheint, macht einen Unterschied in deinem Geldbeutel.

Es gibt ein populäres Zitat, das lautet: "Kleine Wassertropfen und kleine Sandkörner bilden den mächtigen Ozean und das schöne Land."

Du musst die Angewohnheit des Sparens kultivieren. Indem du deine Ausgaben reduzierst und Geld sparst, wirst du überrascht sein, wie viel Geld du am Ende des Tages ansammeln wirst.

Ersetze deine teuren Schönheitsprodukte durch billigere und natürliche

Der Kauf von Beauty-Produkten kann sehr teuer sein. Diese Produkte zu reduzieren und sie durch billigere Naturprodukte zu ersetzen, wird einen großen Beitrag dazu leisten, dass du Geld sparen kannst.

Kokosnussöl könnte anstelle von Hautfeuchtigkeitscreme, Haarspülung sowie einem Makeup-Entferner verwendet werden. Du kannst auch Haarshampoo aus Pflanzen wie Maisstärke, Kakao sowie ein paar Tropfen ätherischen Öls herstellen.

Du kannst mehr darüber erfahren, indem du Clips auf YouTube und anderen Online-Plattformen ansiehst.

Stellen deine eigenen Reinigungsmittel her

Dadurch sparst du Geld für Reinigungsmittel wie Waschmittel und Flüssigwaschmittel. Du wirst erstaunt sein, was du mit Essig in der Reinigung deines Hauses erreichen kannst.

Zusätzlich ist Essig frei von chemischen Zusätzen und schont die Umwelt, da er leicht abgebaut werden kann. Zusammen mit Wasser kann der Allesreiniger nahezu im kompletten Haushalt eingesetzt werden.

Praktiziere Zahnhygiene

Zahnpflege ist teuer. Wenn du zweimal täglich Zähne putzt und Zahnseide verwendest, ersparst du dir den Einsatz von Notfallmitteln für Zahnprobleme, die du nicht geplant hast. Du siehst vielleicht keine unmittelbare Wirkung, aber glaube mir, es ist wichtig.

Hole dir ein Fahrrad

Fahrradfahren ist eine Form der Übung, abgesehen davon, dass es ein Fortbewegungsmittel ist. Hole dir ein Fahrrad für dich selbst, es wird dir helfen, Geld für Benzin, Autowartung usw. zu sparen.

Besuche Geschäfte, die gebrauchte Kleidung verkaufen

Kaufe zur Abwechslung gebrauchte Klamotten. Dadurch sparst du viel Geld, das du für den Kauf neuer und teurer Kleidung ausgegeben hättest.

Vermeide auch überteuerte Markenkleidung und -schuhe zu kaufen, sie sind Extravaganzen. Entscheide dich für günstige, aber qualitativ hochwertige, getragene, funktionale Kleidung und du wirst dadurch eine Menge Geld sparen.

Kauf von Artikeln auf Online-Plattformen

Verwende Craigslist, eBay und andere Online-Plattformen, um bestimmte Dinge zu bekommen, die du brauchst.

Anstatt eine riesige Menge an Geld auszugeben, um einen neuen Plasma-Fernseher oder eine Waschmaschine zu bekommen, schaue auf eBay nach etwas gutem und weniger teurem. Dies hilft dir, etwas Geld zu sparen.

Suchen und verwenden von Promo-Codes

Bevor du ein Produkt aus einem Online-Shop kaufst, suche online, ob es Gutscheincodes und Gutscheine gibt. Dies kann dir helfen, dringend benötigtes Geld anzusparen.

Erstelle vor dem Einkauf eine Liste mit Artikeln, die du benötigst, und bleibe dabei

Meistens planen wir, einige Dinge im Einkaufszentrum zu kaufen, aber am Ende kaufen wir mehr, als wir geplant haben.

Bevor du einkaufen gehst, um deine Einkäufe oder andere Dinge, die du brauchst, zu kaufen, mache dir eine Liste dieser Dinge und bleibe dabei. Setze dir ein festes Budget und halte an diesem fest. Gehe nicht über dein Budget hinaus. Am Ende wirst du erstaunt sein, wie viel Geld du gespart hast, indem du sich nur an deine Liste gehalten hast.

Gehe weniger Essen, wenn überhaupt

Vermeide mehrmals wöchentlich in ein Restaurant zu gehen und koche lieber zu Hause für dich selbst und bereite dir deine eigenen Mahlzeiten vor, es ist billiger.

Packe dir dein Mittagessen, wenn du zur Arbeit gehst. Dies hilft dir, Geld zu sparen, das du während deiner Pause für das Mittagessen ausgegeben hättest.

Trinke Leitungswasser anstatt Flaschen zu kaufen

Das Trinken von Wasser in Flaschen ist ziemlich teuer. Auf lange Sicht wird es sich als kostengünstiger erweisen. Spare viel Geld, indem du Leitungswasser anstelle von Mineralwasser verwendest.

Käufe nicht nur wegen des Markennamens tätigen

Artikel mit bekannten Markennamen sind in der Regel teurer als solche ohne. Diese Artikel sind in der Regel von der gleichen Qualität, manchmal sind diejenigen nicht anerkannter Marken sogar besser als diejenigen einer anerkannten Marke. Kaufe Artikel ohne Markennamen, die so viel Qualität (wenn nicht mehr) bieten wie Artikel bekannter Marken. Dies wird dir helfen, eine Menge Geld zu sparen.

Fast jede große Supermarktkette vertreibt Produkte unter ihrer eigenen Marke. Oft stecken hinter solchen „Hausmarken" große namhafte Markenhersteller, jedoch kosten die Artikel meist nur die Hälfte.

Spare Energiekosten

Trenne deine Elektrogeräte, wenn du sie nicht verwendest. Viele Gebühren für den Energieverbrauch können reduziert werden, wenn nicht verwendete Geräte ausgesteckt werden. Verwende deine Haushaltsgeräte auch effizient. Wenn du beispielsweise den Geschirrspüler nur dann benutzt, wenn er voll ist, sparst du Strom- und Wasserkosten.

Spare regelmäßig

Jedes Mal, wenn du zusätzliches Geld für dich hast, spare es. Vereinbare jedes Mal eine automatische Überweisung auf dein Bankkonto (Dauerauftrag), wenn du bezahlt wirst.

Habe einen finanziellen Plan

Sei konkret in Bezug auf deine Finanzen. Gib den geringsten Betrag an, den du pro Monat sparen kannst, und bleibe dabei.

Wasche Kleidung nur, wenn sie schmutzig ist

So sparen Sie Stromkosten. Es hilft dir auch, den Wasserverbrauch zu minimieren.

Kaufe Dinge, die du häufig in großen Mengen verwendest

Dinge in großen Mengen zu kaufen, ist wirtschaftlicher als der Kauf zu Einzelhandelspreisen. Artikel, die du regelmäßig benötigst, werden besser in großen Mengen gekauft, da du dadurch zu besseren Konditionen einkaufen und von einem Mengenrabatt profitieren kannst.

Plastiktüten wiederverwenden

Durch die Wiederverwendung deiner Plastiktüten sparst du Geld, das du für den Kauf neuer Plastiktüten ausgegeben hättest.

Gib teure Gewohnheiten auf

Es ist zwar gut, sich hin und wieder auf ein Vergnügen einzulassen, aber du solltest es dabei belassen.

Gib unnötige Gewohnheiten auf, wie übermäßiges Rauchen oder exzessives Feiern in der Disco, die dich dazu bringen, viel Geld auszugeben.

Auf diese Weise sparst du viel Geld, welches dir hilft, deiner finanziellen Freiheit näherzukommen.

Was kann man von finanziell erfolgreichen Personen lernen?

Viele von uns verbringen viel Zeit damit, über das Leben wohlhabender Menschen nachzudenken. Manchmal träumen wir davon, einer zu sein. Erfolgreich und wohlhabend zu sein, ist jedoch nicht so einfach.

Wenn es so wäre, wäre jeder wohlhabend. Deshalb ist es entscheidend, dass wir die Schritte lernen und praktizieren, die diese wohlhabenden Menschen begriffen und ergriffen haben, um erfolgreich zu werden.

Die erste Sache, die wichtig zu wissen ist, ist, dass wohlhabende Leute nicht entspannt sind. Sie lassen sich immer wieder von Menschen inspirieren, die noch reicher sind als sie und arbeiten ständig daran, besser zu werden.

Um reich zu werden, ist es wichtig, dass du dich auf die Art deines Lebens konzentrierst. Und selbst wenn du keinen hochbezahlten Job hast, ist es immer noch möglich, finanziellen Erfolg zu erzielen.

Sage dir selbst:
"Wenn sie es schaffen und erfolgreich sein können, kann ich es auch werden."

Im Folgenden findest du eine Liste von Lebenslektionen, die von wohlhabenden Menschen gewonnen wurden, Lektionen, die ihnen dabei halfen, finanziellen Erfolg zu erzielen.

Es sind Lehren, die wir auf unserem Weg zum finanziellen Erfolg verinnerlichen müssen.

Die sehr Reichen beginnen nicht mit der Verfolgung von Reichtum

Anstatt herumzulaufen und Geld zu verdienen, verfolgten sie ihre Leidenschaft. Henry Ford zum Beispiel erfand eine pferdelose Kutsche. Bill Gates, Warren Buffett, Mark Zuckerberg, Jeff Bezos und so viele andere wohlhabende Männer dieses Jahrhunderts verfolgten auch ihre Leidenschaften. Falls du keine Ahnung hast, was deine Leidenschaft ist, entdecke dich selbst und entwickele dich dann weiter. Du solltest verstehen, dass Leidenschaft den Menschen den Wunsch gibt, Fortschritte zu machen. Dies führt dazu, dass du härter arbeitest und dich selbst zur Erreichung deiner Ziele drängst. Wenn du deine Leidenschaft verfolgst, gibst du nicht auf oder gibst dich nicht Unzulänglichkeiten hin.

Wir nehmen Arbeitsplätze, die genug Geld zur Verfügung stellen, damit wir bequem leben können. Wir verlassen uns auf Gehaltserhöhungen und Beförderungen, um unseren Lebensstil zu verbessern, während die Wohlhabenden ihre Leidenschaften verfolgen und notfalls verhungern, damit sie Vermögen aufbauen und sicherstellen können, dass es ihnen gelingt, das zu tun, was sie lieben.

Frage dich selbst:

Verdienst du lieber zwischen 20.000 € oder 30.000 € in deinen Zwanzigern, die wahrscheinlich auf 100.000 € bis 200.000 € jährlich in deinen Dreißigern steigen werden oder nimmst du lieber einen viel schlechter bezahlten Job in deinen Zwanzigern, während du an deiner Leidenschaft arbeitest, die schließlich dazu führen wird, dass du Millionen machst in deinen Dreißigern?

Früh beginnen

Die Zeit ist einer der wichtigsten Faktoren, die deinen Erfolg finanziell bestimmen werden.

Es besteht eine bessere Chance, dass du, wenn du früh im Leben (Teenager oder Anfang zwanzig) mit sinnvollen Schritten in Richtung finanziellen Erfolg beginnst, eine bessere Chance haben wirst, wohlhabender zu sein als deine Kollegen, die erst später Schritte unternehmen.

Bill Gates begann mit 13 Jahren an Computern zu arbeiten.

Carlos Slim, ein mexikanischer Geschäftsmann, war erst 12 Jahre alt, als er zum ersten Mal in eine Bank investierte.

Sobald du auf dem Weg zur Erreichung deiner Ziele bist, wirst du widerstandsfähiger gegen Rückschläge. Der frühe Start ist für den finanziellen Erfolg von größter Bedeutung.

Das bedeutet jedoch nicht, dass es für dich zu spät ist, anzufangen. Ein früher Start ist nur ein zusätzlicher Vorteil; es ist nicht der einzige mögliche Weg.

Sei mutig genug, um finanzielle Risiken einzugehen

Um finanziellen Erfolg zu erzielen, musst du finanzielle Risiken eingehen können. Viele Menschen haben Angst davor, in den Aktienmarkt zu investieren oder sich selbstständig zu machen. Mehrere Was-wäre-wenns beschäftigen sie:

Was, wenn das Geschäft nicht gelingt?
Was ist, wenn der Aktienmarkt fällt?

Im Jahr 1939 lieh sich John Templeton Geld und investierte mutig in 100 Unternehmen, von denen die meisten am Rande des Bankrotts standen.

Er hatte jedoch Vorsicht walten lassen, indem er nie mehr als hundert Dollar pro Aktie ausgegeben hat.

Seine kühnen Schritte zahlten sich aus und schließlich verkaufte er alle bis auf vier der Firmen mit einem beträchtlichen Gewinn.

Niemand möchte scheitern, aber selbst gemachte Millionäre haben gelernt, ihre Verluste und ihre Ängste vor wirtschaftlichen Risiken zu managen, während sie strategische und kalkulierte riskante finanzielle Entscheidungen treffen.

Es ist auch nicht ratsam, das Schicksal deines finanziellen Erfolgs in die Hände anderer Menschen zu legen. Sie können dich beraten, aber letztendlich triffst du deine eigenen finanziellen Entscheidungen.

Fazit

Zusammenfassend ist hier die "Wealth File" von T. Harv Eker aus seinem Buch *Geheimnisse des Millionärs: Das innere Spiel des Reichtums beherrschen*

Diese Zitate solltest du verinnerlichen und dir immer vor deinem geistigen inneren Auge halten:

1. Reiche Menschen glauben "Ich erschaffe mein Leben." Arme Menschen glauben "Das Leben passiert mir."

2. Reiche Leute spielen das Geldspiel, um zu gewinnen. Arme Leute spielen das Geldspiel, um nicht zu verlieren.

3. Reiche Menschen sind verpflichtet, reich zu sein. Arme Menschen wollen reich sein.

4. Reiche Leute denken groß. Arme Leute denken klein.

5. Reiche Menschen konzentrieren sich auf Chancen. Arme konzentrieren sich auf Hindernisse.

6. Reiche Menschen bewundern andere reiche und erfolgreiche Menschen. Arme Menschen ärgern sich über reiche und erfolgreiche Menschen.

7. Reiche Menschen assoziieren mit positiven, erfolgreichen Menschen. Arme verbinden sich mit negativen oder erfolglosen Menschen.

8. Reiche Menschen sind größer als ihre Probleme. Arme Menschen sind kleiner als ihre Probleme.

9. Reiche Leute sind ausgezeichnete Empfänger. Arme Menschen sind schlechte Empfänger.

10. Reiche Leute entscheiden sich dafür, basierend auf den Ergebnissen bezahlt zu werden. Arme Menschen entscheiden sich dafür, zeitabhängig bezahlt zu werden.

11. Reiche Leute denken "gesamt". Arme Leute denken "entweder/oder".

12. Reiche Menschen konzentrieren sich auf ihr Vermögen. Arme konzentrieren sich auf ihr Arbeitseinkommen.

13. Reiche Leute verwalten ihr Geld gut. Arme Menschen führen ihr Geld schlecht aus.

14. Reiche Leute lassen ihr Geld hart für sie arbeiten. Arme Menschen arbeiten hart für ihr Geld.

15. Reiche Menschen handeln trotz Angst. Arme Leute lassen Angst sie aufhalten.

16. Reiche Leute lernen ständig und wachsen. Arme Leute denken, dass sie es bereits wissen.

© Karsten Richtinger 2019
1. Auflage
Alle Rechte vorbehalten
Nachdruck, auch auszugsweise, verboten.
Kein Teil dieses Werkes darf ohne schriftliche Genehmigung des Autors in irgendeiner Form reproduziert, vervielfältigt oder verbreitet werden.
Kontakt: Michael Stoiber / Otterbachstr. 33 / 85301 Schweitenkirchen
Fotos: depositphotos.com

Das Werk einschließlich aller seiner Teile ist urheberrechtlich geschützt. Jede Verwertung ist ohne schriftliche Zustimmung des Autors unzulässig. Darunter fallen auch alle Formen der elektronischen Verarbeitung.
Die Wiedergabe von Gebrauchsnamen, Handelsnamen, Warenbezeichnungen usw. in diesem Werk berechtigt auch ohne besondere Kennzeichnung nicht zu der Annahme, dass solche Namen im Sinne der Warenzeichen- und Markenschutz-Gesetzgebung als frei zu betrachten wären und daher von jedermann benutzt werden dürfen.
Der Autor übernimmt keinerlei Gewähr für die Aktualität, Korrektheit, Vollständigkeit oder Qualität der bereitgestellten Informationen und weiteren Informationen.
Haftungsansprüche gegen den Autor, welche sich auf Schäden materieller oder ideeller Art beziehen, die durch die Nutzung oder Nichtnutzung der dargebotenen Informationen bzw. durch die Nutzung fehlerhafter und unvollständiger Informationen verursacht wurden, sind grundsätzlich ausgeschlossen.

www.ingramcontent.com/pod-product-compliance
Lightning Source LLC
Chambersburg PA
CBHW030007190526
45157CB00014B/945